REFLEXIONES

Desde mi criterio interior

Libro 1

Diego Molina Ruiz

Diego Molina Ruiz

REFLEXIONES

Desde mi criterio interior – Libro 1

Autor: *Diego Molina Ruiz*

Edita: *Molina Moreno Editores*

molina.moreno.editores@gmail.com

Diseño de portada: *Gloria del Rocío Molina Moreno*

DEDICATORIA

A todos los amigos y amigas de las redes sociales.
En especial a quienes le dan a "me gusta" y a menudo
comparten aquellas publicaciones que con frecuencia
voy publicando en diferentes espacios virtuales.

¡Salud y Ánimo!

Diego Molina Ruiz

CONTENIDOS

PRESENTACIÓN

El presente libro que tienes ahora en tus manos, es el resultado de un tiempo de recopilación y selección de algunos de aquellos pequeños detalles, pensamientos, razonamientos, escritos y frases que se han derivado de la observación, de la vida misma y las interacciones tanto reales como virtuales entre las distintas personas que poblamos, el ya cotidiano mundo, de las redes sociales en particular y en general de internet.

En definitiva hemos compartido todos, muchas horas de amistad, en una deseada y feliz compañía que aunque virtual, no por ello mucho menos intensa o productiva en la mayoría de los casos. Si bien desde aquí reivindico siempre que nos sea posible, sentarnos alrededor de una mesa, en buena compañía y una vez dejemos de lado nuestros ya inseparables teléfonos móviles. Y recuerda: Si tienes que ser infiel que sea a tu teléfono móvil con un buen Libro.

¡Salud y Ánimo!

Diego Molina Ruiz

1 - REFLEXIONES

"A la Felicidad plena se llega dando mucho Amor".

"A los ojos tristes hay que hacerles menos preguntas y darles más abrazos".

"A quien te hable mal de mí, pregúntale cuantas veces le ayudé".

"A veces creemos que la vida nos dice No y sólo nos dice Espera".

"A veces hay que perder el Norte para descubrir que puedes ir en muchas otras Direcciones".

"A veces imagino un mundo en Paz".

Diego Molina Ruiz

"A veces la persona que siempre está para ayudar a todos, necesita a alguien que se preocupe de ella".

"A veces las cosas buenas se estropean para que puedan surgir cosas mejores".

"A veces lo mejor de tu vida no lo planteas… Simplemente sucede".

"A veces no necesitas a alguien que te levante del suelo, sino alguien que se tumbe a tu lado hasta que puedas levantarte".

"A veces ocurre que lo que empieza como una locura se convierte en lo mejor de tu vida".

"Abre bien tus ojos a todo lo que te rodea".

"Al despertar sigue el recuerdo de tu sueño".

"Al dormir mis sueños se liberan".

Diego Molina Ruiz

"Aléjate de la alienación para que nada te ate".

"Algún día diré: No fue fácil pero lo logré".

"Alimenta tu Alma de Amor y tus miedos morirán de hambre".

"Ama con el Alma y no sólo con palabras".

"Ama con pasión en cuerpo y alma".

"Amabilidad es el lenguaje que el sordo puede escuchar y el ciego puede ver".

"Amo a las personas que me hacen reír, creo que reír es lo que más me gusta hacer. Cura muchas enfermedades y puede ser la mejor cualidad en una persona".

"Ante el maltrato: Trátate bien y vete".

"Ante el odio siembra Amor".

"Ante la caída seguimos adelante porque aprendimos a gatear antes que a caminar".

"Ante la dificultad aprende a mirar con otros ojos".

"Antes de dejarlo todo mira más allá y piensa en todo lo bueno que tienes por delante".

"Antes de juzgar busca la verdad con empatía".

"Antes de salir a cambiar el Mundo da tres vueltas por tu Casa".

"Antes de ser un gran líder hay que ser un gran ser humano".

"Antes de un te quiero debes sentirlo desde el corazón".

"Antes que el maestro de nada soy aprendiz de todo".

"Antes que ganador fui perdedor habitual".

Diego Molina Ruiz

"Aprende a disfrutar de la soledad para no terminar dependiendo de ninguna persona".

"Aprende a ignorar lo que no vale la pena".

"Aprende a no responder a provocaciones pues saber callar es de sabios".

"Aprende a ver la amabilidad siempre como una gran ventaja".

"Aprendí que el Amor es la única religión, la Humanidad la única raza y un solo lenguaje el del Corazón".

"Aprovecha siempre cada momento inolvidable que la vida te ofrece".

"Apuesta por el conocimiento para despejar tus prejuicios".

"Aquellos que se creen el centro del mundo los quiero en la periferia del mío".

"Asegúrate de que lo que vayas a hacer te haga feliz".

"Aunque algunos limites estén en tu mente, piensa que la fuerza está en tu corazón".

"Aunque quieras fingir tu mirada lo confesará todo".

"Aunque se te cierre alguna puerta siempre puedes abrir una ventana".

"Buenos son los caminos difíciles si te llevan al destino deseado".

"Busca el secreto de tu sueño cada amanecer con esperanza hasta encontrar el verdadero deseo de tu corazón".

"Busca la claridad y las sombras se desvanecen".

"Busca siempre una mejor calidad de vida con una vida más saludable".

"Búscame cuando no quieras nada con nadie y todo conmigo".

"Cada día cuando levantes tu cuerpo de la cama, no olvides levantar también tu entusiasmo por la vida".

"Caminando solo voy más rápido, pero acompañado llegaré más lejos".

"Caminar juntos de la mano siempre ayuda".

"Como Estrella fugaz mejoras cada noche".

"Con amabilidad abrirás seguro más puertas".

"Con una buena actitud generas mejores oportunidades".

"Con la mente en silencio llega la paz interior".

"Con las palabras sinceras se alcanza todo".

"Con o sin pareja tú debes de ser libre siempre".

"Con tu sonrisa llegas siempre a más corazones".

"Con un abrazo puedes curar muchas heridas".

"Con un abrazo sincero sobran todas las palabras".

"Con una sonrisa puedes encender la vida de los demás".

"Con voluntad las metas se alcanzan".

"Con buena voluntad siempre encuentras el camino".

"Concienciándote cambias por ti mismo la existencia".

"Conecta tu conciencia al día de hoy para que todo vaya mejor mañana".

Diego Molina Ruiz

"Confía en Ti y el éxito estará de tu lado".

"Confía en tu sentido común, aunque no sea el más común de tus sentidos".

"Conseguir la calma interior me ha dado la serenidad que necesitaba".

"Convierte tus sueños en nuevos proyectos para alcanzarlos".

"Corrige siempre en privado y felicita en público".

"Creo que hay una parte de mí que quiere ser Feliz… ¡Y la otra también!".

"Cualquier persona que te motive a ser mejor es alguien a quien merece la pena mantener cerca".

"Cuando afrontas tus miedos alcanzas la Paz Interior".

"Cuando alguien juzgue tu camino, préstale tus zapatos".

"Cuando decidas cambiar tu destino sólo tienes que tomar de nuevo el tren de tu vida en cualquier momento".

"Cuando elijo ser Positivo renuncio a todo lo negativo que me rodea".

"Cuando encuentres algo que te haga Feliz, no te preocupes por lo que diga la gente. Bastante difícil es encontrarlo".

"Cuando hablas desde el Alma llegas siempre al Corazón".

"Cuando inspiras confianza tu ayuda a los demás se multiplica".

"Cuando llegues a conocerte estarás en plenitud".

"Cuando lo que haces te gusta deja de ser una obligación para ser una pasión".

Diego Molina Ruiz

"Cuando no logras conseguir lo que de verdad quieres debes revisar todo tu diálogo interior".

"Cuando ocupas un lugar en mi corazón siempre estarás para mí".

"Cuando sigues aquello que te pide el corazón vas por buen camino".

"Cuando sueñas con el corazón la felicidad es tu destino".

"Cuando te alimentas de amor tus miedos mueren de hambre".

"Cuando te posicionas por alguien debes renunciar del resto".

"Cuando te unes a las personas correctas tu vida se potencia".

"Cuando tienes muy claro lo que quieres solo es cuestión de tiempo".

"Cuando tu meta esté muy clara, su camino se visualizará mejor".

"Cuando tu vista no te llegue a ver las estrellas, céntrate en la belleza de la Luna".

"Cuando uno quiere saca su tiempo, cuando no, saca excusas".

"Cuestiona lo que ven tus ojos y tu mirada será más serena".

"Cuida a las personas que te cuidan".

"Cuida tu Forma de Ser pues es algo que te identifica siempre".

"Cuidado con hacer lo correcto con la persona equivocada mientras haces lo equivocado con la persona correcta".

"Cuidado con tu mirada cuando tus pupilas te delatan".

"Cuidado donde pisas en la niebla".

"Cuídate de los que saben escribir pues tienen el poder de enamorarte incluso en la distancia".

"Curas más con tus atenciones que con los fármacos".

"Da riendas sueltas a tu conocimiento para obtener un nuevo saber".

"¿De qué sirve la riqueza en los bolsillos, si hay pobreza en el cerebro y vacío en el corazón?".

"De repente llega alguien con mucha luz y no le importa lo oscuro que estés, él se queda a tu lado alumbrándote".

"Debido a que la velocidad de la luz es mucho más rápida que la del sonido, alguna gente pueden parecernos Brillantes antes de escuchar las tonterías que dicen".

"Debo reconocer que la paz interior me ha dado la estabilidad que necesitaba".

"Dedica tu compasión con respeto a quienes no pasan por un buen momento emocional".

"Deja que acaricie la Luna antes de ponerla a tus pies".

"Deja que cada persona que se relacione contigo sea tu maestro. No existe nadie en esta vida que no tenga algo que enseñarte".

"Deja que el Pensamiento Positivo amueble siempre tu Mente".

"Deja que lo que no deba estar a tu lado se aleje de Ti".

"Deja que los cambios fluyan en ti para modelar la personalidad que llevas dentro".

"Deja que tus sueños fluyan por tus pensamientos".

Diego Molina Ruiz

"Desde que el sexo se volvió fácil de conseguir, el amor se volvió difícil de encontrar".

"Desea lo mejor en silencio y observa que se cumple en voz alta".

"Deseo una Paz verdadera para todo el Mundo".

"Desprende aquella Luz de tu Paz interior".

"Diseña tus certezas desde la convicción".

"El abrazo es la única cosa del mundo que cuanto más apretado es, más alivio da".

"El agua en ayunas es el líquido elemento que purifica tu cuerpo y tu mente".

"El Amor está en el aire cuando lo emites de corazón".

"El Amor genera nueva vida".

Diego Molina Ruiz

"El amor no cabe en una relación, es un estado".

"El amor reside en el corazón de los valientes".

"El amor te puede llegar por sorpresa o terminar de improviso".

"El camino para llegar es muy sencillo: trabajo y perseverancia".

"El corazón te dice lo que necesitas si lo dejas hablar y sabes escucharlo".

"El destino nos puede ofrecer oportunidades pero sólo tú decides".

"El día que comprendí que lo único que me voy a llevar es lo que vivo, empecé a vivir lo que me quiero llevar".

"El dinero hace a la gente rica, el conocimiento hace gente sabias, pero la humildad hace grandes personas".

"El Error más común que conozco, es el Suponer en lugar de preguntar".

"El hecho de que la medusa haya sobrevivido 650 millones de años a pesar de no tener un cerebro, le da esperanza a muchas personas".

"El insulto es la salida de emergencia del idiota ante la falta de argumentos".

"El Liderazgo no se trata de estar al mando, es cuidar de las personas a tu cargo".

"El mañana está muy lejos, céntrate en el momento y vive el Ahora".

"El mayor logro es terminar el día con el alma en paz".

"El mayor obstáculo que tenemos al perseguir la Felicidad, es creer que tenemos ese obstáculo".

"El mejor maestro es el tiempo, sin que hagas preguntas, te da las mejores respuestas".

"El mejor momento de mi vida fue cuando no me interesó la vida de nadie ni lo que pensaran de mi".

"El mejor regalo es un abrazo, es algo único y a nadie le importa que se lo devuelvas".

"El mejor regalo que puedes hacerte es entrenar tu mente en positivo".

"El mundo cambia con tu ejemplo No con tu opinión".

"El niño no busca ser feliz pues lo es por naturaleza... El adulto busca ser feliz porque ha olvidado ser niño".

"El pobre de espíritu aclama más fuerte un gol que las injusticias".

Diego Molina Ruiz

"*El que calla no siempre otorga, a veces simplemente no quiere discutir con idiotas*".

"El que no se esfuerza por lo que quiere, no se merece lo que desea".

"*El Rencor es algo que no tiene sitio en mi corazón pues nunca guardo nada que sea innecesario*".

"El respeto comienza por Uno mismo, cuanto mayor es nuestro nivel de Autoestima, mejor tratamos a los Demás".

"*El respeto nos hace libres*".

"El respeto por la vida edifica tu Paz Interior".

"*El secreto del Pensamiento Positivo, es traer exactamente todo aquello que tú quieres a tu vida*".

"El Temor te hace más débil".

"El Tiempo deja preguntas, también trae respuestas y aclara dudas... Pero sobre todo el tiempo trae verdades".

"El título más valioso que puedes conseguir en esta vida, es el de buena persona, no lo concede la universidad, sólo lo otorgan los valores".

"En el amor sólo se necesitan dos corazones dispuestos a luchar por el mismo sueño de amor".

"En el Amor uno más uno es todo y dos menos uno es nada".

"En el Libro de tu vida escribe con letra clara y firme renglón".

"En el silencio de tu alma se esconden los más bellos secretos de tu corazón".

"En el Silencio encuentro la calma que me reconforta".

"En este momento de mi vida estoy buscando hacer exclusivamente cosas que me hacen feliz".

"En éste mundo de Sinrazón siempre deseo lo mejor de lo mejor, de todo Corazón".

"En estos tiempos que se discute por todo, la gente que te hace reír vale el doble".

"En la medida de que aceptes tu magia se precipitan los milagros".

"En la vida unas veces enseñas y las demás aprendes".

"En las palabras se refleja el talento y en las miradas el alma".

"En mi vida prefiero calidad a cantidad".

"En ocasiones nuestros pensamientos curan más que los medicamentos".

"En positivo todo funciona mucho mejor".

"En tres palabras puedo resumir lo que he aprendido de la vida: La vida sigue".

"En tus pequeños gestos se vislumbra tu grandeza".

"En una relación, el remedio a la mayoría de los problemas, está en sacar un espejo y no una lupa".

"Encuentra tu paz interior, antes de buscarla fuera".

"Enfréntate al miedo hasta llegar a la cima de tus sueños".

"Envía tu alegría donde veas que hace falta".

"Eres grande cuando extiendes tu mano, cierras tu boca y abres tu corazón".

"Eres un recipiente, cuida lo que guardas en ti.".

"Es dentro y no fuera de nosotros donde debe hacer buen tiempo, pese a la tempestad".

"Es importante recibir cariño, pero lo más importante es saber dar".

"Es mejor meter la nariz en los libros que en la vida de los demás".

"Estamos tan acostumbrados a vivir entre las apariencias e hipocresía, que nos cuesta trabajo distinguir un corazón honesto".

"Estando donde quiero con los que quiero y haciendo lo que quiero soy feliz".

"Estoy enamorado de la vida, me divorcié de las tristezas, me casé con la felicidad, me hice amante de la alegría y… de vez en cuando, beso con locura".

"Fidelidad es garantía del respeto".

"Fidelización es garante de amistad".

"Florecer exige pasar por las demás estaciones".

"Grande es la persona que para brillar no necesita ocultar la luz de otras".

"Hay que ser un valiente para emigrar. No cualquiera se atreve a salir de su zona de confort para emprender rumbo a lo desconocido".

"Hay un juez llamado tiempo que pone a todos en su lugar".

"Hay viajes que se hacen con un único equipaje… el corazón".

"Honrado es quien dice la verdad a sabiendas que lo perderá todo".

"Humildad, que la vida da muchas vueltas".

"Intenta escuchar el mensaje de tu corazón, bajando el volumen de tus lamentos".

"La Bondad es la mejor garantía de una mente sana".

"La cicatriz nos recuerda que hemos superado el daño".

"La comunicación es la base de toda relación".

"La cosa más difícil es conocernos a nosotros mismos, la más fácil es hablar mal de los demás".

"La decisión acertada siempre es la que te hace Feliz".

"La distancia implica mucho más que estar lejos".

"La edad No importa, la mentalidad Si".

"La falta de coraje te priva de momentos increíbles en tu vida".

Diego Molina Ruiz

"La Felicidad en tu vida debe ir inherente a tus metas".

"La Felicidad no depende de lo que tengas, sino de lo que piensas".

"La Felicidad no nos llega cuando conseguimos lo que deseamos, sino cuando disfrutamos de lo que tenemos".

"La forma más elevada de inteligencia humana es la capacidad de observar sin juzgar".

"La fuerza de voluntad es vital para alcanzar tus metas".

"La gente no es pobre por cómo vive, es pobre por cómo piensa".

"La gratitud ennoblece tus acciones".

"La humildad en el corazón refleja una buena persona".

"La lectura siempre moldea nuestra mentalidad".

"La lectura nos hace libres para siempre".

"La luz más potente proyecta la sombra más oscura".

"La luz propia es una guía fiable en la oscuridad".

"La mejor red social es una mesa rodeada de tu gente de toda la vida".

"La mentira dura mientras la verdad llega".

"La mirada no sólo es el espejo del alma también es reflejo del corazón".

"La pobreza carece de muchas cosas, pero la avaricia carece de todo".

"La primera Empresa que debes construir es tu Mente".

Diego Molina Ruiz

"La risa es la tirita del alma".

"La única certeza que tengo en la vida es que todo lo que hice, lo hice de Corazón".

"La verdad la llevarás siempre en tu recuerdo".

"La vida arruga la piel, pero no vivirla con amor arruga el alma".

"La vida es el examen más difícil, la mayoría lo suspende por intentar copiar a los demás, sin darse cuenta de que todos tenemos un examen diferente".

"La vida es tan buena maestra que si no aprendes la lección… Te la repite".

"La vida no cuenta los pasos que vas dando sino las huellas que has dejado".

"La vida no te pregunta si quieres ser fuerte, te obliga a serlo".

"La vida te da la oportunidad de escribir, corregir y mejorar tu historia todos los días".

"Las cosas no valen por el tiempo que duran, sino por las huellas que dejan".

"Las mejores vivencias son las que te provocan una sonrisa al recordarlas".

"Las mentes ocupadas, las almas limpias y los corazones satisfechos no se meten jamás en la vida de nadie".

"Las mentes vacías suelen ser las que más ruido hacen".

"Las personas inteligentes resuelven problemas, las más sabias evitan que sucedan".

"Las personas que llegan a tu vida lo hacen para enseñarte algo… Las que se van También".

"Lectura es salud para la mente".

"Leer es la mejor de las vacunas ante la Ignorancia".

"Levántate cada mañana para alcanzar tus sueños".

"Llámame soñador o ingenuo, pero aún creo en la fuerza de las palabras".

"Lo bonito del sarcasmo es que los inteligentes entienden y los idiotas se ofenden".

"Lo fácil ya lo hice, lo difícil lo estoy haciendo... Y lo imposible tardaré, pero lo Lograré".

"Lo importante no es lo que tienes sino lo que haces con lo que tienes".

"Lo más saludable es comer la mitad, andar el doble y reír el triple".

"Lo más valioso en esta vida no es lo que tenemos, sino a quien tenemos".

Diego Molina Ruiz

"Lo original se mantiene a pesar de todo".

"Lo que escribes en el alma de alguien es para siempre".

"Lo que No me gusta de ti, lo corrijo en Mi".

"Lo que no se soluciona pasando página se soluciona cambiando de libro".

"Lo único que necesitas en la Vida es que la vivas con toda su Plenitud".

"Los amigos son como los zapatos podemos tener muchos, pero siempre andamos con los que nos sentimos más a gusto".

"Los errores del pasado son la sabiduría del presente".

"Los libros curan de la más peligrosa de las enfermedades de la mente: La Ignorancia".

"Los ojos nunca saben guardar secretos".

"Los ojos que haces brillar con tu presencia también te identifican".

"Los pequeños detalles te dan la mayor satisfacción".

"Los tropiezos me enseñaron a saber dónde pisar".

"Lucha por lo que quieres y observa como el destino se pone de tu parte".

"Lucha siempre por tus sueños, aunque te veas solo en esa lucha".

"Maestro no sólo es el que te enseña sino el que te hace descubrir".

"Más impone el lobo callado que el perro ladrando"

"Más vale leer que lamentar"

"Me encantan aquellas personas que respetan tiempo, silencios y espacio".

"Me gusta estar con gente que me hace olvidar que tengo teléfono".

"Me gustan los lugares que me hacen dar cuenta cuán pequeños somos mis problemas y yo".

"Me gustan mis errores… No quiero renunciar a la deliciosa libertad de poder equivocarme".

"Me tomaría un café con quién me mire sin sacar su teléfono, como antes, cuando no teníamos esa dependencia".

"Mejor aprende a estar solo a estar con cualquiera".

"Mi mayor Ilusión es seguir teniendo Ilusiones".

"Mi meta es ser feliz, no perfecto".

"Mi Plan es ser Feliz; No Perfecto".

"Mi vida no es perfecta, pero tiene momentos maravillosos".

"Mientras mi conciencia esté limpia, el prejuicio de los demás no me interesa".

"Mira Luna no hay distancia cuando nos reflejamos en Ti".

"Mis sueños construyen cada uno de mis días".

"Modela tu mente sin ideas estrictamente prefijadas".

"Muévete y el camino aparecerá".

"Nadie pierde por dar amor… Pierde el que no sabe recibir".

"Nadie se hizo fuerte sin pasar por lo difícil".

Diego Molina Ruiz

"*Necesitas alejarte de las cosas que no son para ti*".

"Ni delante, ni detrás, a mi lado y caminaremos juntos".

"*Ninguna vivencia habrá sido en vano si de ella has aprendido algo*".

"No todo es aprender lo importante es recordar".

"*No busques cuentos con final feliz, mejor busca ser feliz sin tanto cuento*".

"No cometas el error de tomar decisiones permanentes, por culpa de emociones temporales".

"*No consientas que te manipulen guíate por un criterio propio y genuino*".

"No dejes de dar a los demás lo mejor de Ti aunque solo sea por amor propio".

"No dejes de emocionarte por los pequeños gestos".

"No dejes de soñar pues nadie puede hacerlo por ti".

"No dejes pasar ni un solo motivo para ser Feliz".

"No dejes que el odio te ciegue si algo ha de cegarte que sea siempre el Amor".

"No dejes que los elogios de otros te lleguen a la cabeza, ni dejes que sus críticas te lleguen al corazón".

"No dejes que nadie desdibuje tu Sonrisa".

"No dudes en dar un gran abrazo a la Vida".

"No dudes hablar cara a cara siempre que te sea posible".

"No en todos los lugares en donde encajas es donde perteneces".

"No eres feliz por hacer lo que quieres, eres feliz cuando amas lo que haces".

"No es malo equivocarse si identificas la razón".

"No es necesario que pienses como yo, sino que Pienses".

"No es por lo que eres, es por lo que transmites… Ahí está tu magia".

"No es posible aprender si no hay un mínimo de emoción".

"No esperes nada de nadie. Es mejor ser sorprendido que decepcionado".

"No existe la falta de tiempo, existe la falta de interés, pues cuando realmente se quiere, siempre hay tiempo".

"No existe nada que anule mis sueños".

"No hay almohada más cómoda que una conciencia tranquila".

"No hay atajos para llegar a donde verdaderamente vale la pena".

"No hay distancia más grande, que la falta de Interés".

"No hay peor pecado que provocar lágrimas en una cara que nos ha dado sus mejores sonrisas".

"No hay peor tormenta que la que se arma uno solito en la cabeza".

"No hay Triunfo si las cosas que crees son diferentes a las cosas que haces".

"No importa que tu entorno sea oscuro, siempre que ilumines tu parte".

"No juegues nunca con tu salud".

Diego Molina Ruiz

"No juzgues por las apariencias, a veces un corazón rico se esconde bajo las ropas de un pobre".

"No le hagas a nadie lo que no quieras que te hagan a ti".

"No le tienes que gustar a todo el mundo pues no todos tienen buen gusto".

"No me digas lo que quiero escuchar, dime lo que piensas, así, sin anestesia. Aunque duela, siempre necesito la verdad".

"No mires hacia atrás con ira, ni hacia delante con miedo, sino céntrate en tu alrededor con atención".

"No necesito ser perfecto en todo, sólo debo ser especial para alguien".

"No olvides nunca que sólo vas a vivir una vez… Disfruta de cada momento".

Diego Molina Ruiz

"No olvides que todos los grandes logros requieren su tiempo y grandes dosis de paciencia".

"No pienses que sufro amnesia, sólo me acuerdo de lo bueno y de lo que quiero acordarme… Se llama memoria selectiva y es muy saludable tenerla".

"No pierdas cada oportunidad de aprender en todo momento".

"No pierdas tu tiempo odiando mejor aprende a ignorar".

"No podemos controlar todo en nuestra vida, pero si podemos controlar nuestra actitud hacia ello".

"No puedes educar a tus hijos como lo hicieron tus padres contigo, pues tus padres te educaron para un mundo que ya no existe".

"No puedo ser perfecto pero intento ser la mejor versión de mí mismo".

Diego Molina Ruiz

"No sé si ayer fue bueno, pero me prometí a mí mismo: ¡Que hoy será Mejor!".

"No sé si es cansancio, madurez o resignación, pero hay cosas que ya no quiero discutir más".

"No seas tan veloz en juzgar a los demás, ni tan lento en corregirte a ti mismo".

"No siempre conseguimos lo que queremos… Pero tarde o temprano la vida nos va a conceder aquello que merecemos".

"No soy mejor que nadie, pero nadie es mejor que yo".

"No soy una persona perfecta, cometo errores, por eso valoro a las personas que siguen conmigo después de saber cómo soy".

"No soy de los que se rinden sin intentarlo".

"No supongas, no des nada por supuesto, si tienes dudas acláralas. Suponer te hace inventar historias increíbles que solo envenenan tu alma y no tienen fundamento".

"No te agobies por madurar cuanto antes pues algún día desearás estar en ésta etapa de tu vida".

"No te compliques, disfruta; no te quejes, aprende; no te enojes, sonríe".

"No te definen tus palabras, tu comportamiento si".

"No te importe caer una y otra vez hasta que aprendas".

"No te resignes con lo que no te hace Feliz".

"No te rindas pues aunque no sea fácil suele valer la pena".

"No te rindas que si quieres puedes".

"No tengas miedo de tener mente abierta, tu cerebro no va a salir volando".

"No tengas miedo todo se ponga tan oscuro, recuerda que en la oscuridad, es cuando salen las estrellas".

"No veas los errores del pasado como pérdida de tiempo, sino como inversión en sabiduría".

"No creo, que sufras de amnesia, si sólo te acuerdas de lo bueno y de lo que tú quieres acordarte. Se llama memoria selectiva y es muy saludable tenerla".

"Nuestro peor problema de nuestra comunicación es que no escuchamos para entender, sino para contestar".

"Nunca comiences tu día sin una nueva ilusión".

"Nunca comiences un sin sentido".

"Nunca confundas tener un título con tener educación, el título es un cartón y la educación es un estilo de vida".

"Nunca dejes de aprender lo que la vida te enseña".

"Nunca dejes de brillar con luz propia".

"Nunca el tiempo pasa tan despacio como cuando quieres que pase rápido".

"Nunca es tarde ni temprano para amar, porque el amor procede del alma y el alma no tiene edad".

"Nunca esperes nada extraordinario tu esfuerzo es la única garantía del éxito".

"Nunca olvides que esta vida da muchas vueltas".

"Nunca permitas que perturben tu Paz y tu Libertad".

"Nunca renuncies a la hermosura de amanecer a un nuevo día".

"Nunca renuncies a lo que de verdad te hace Feliz".

"Nunca supe que tenía un sueño hasta que apareciste Tú".

"Nunca te conformes con lo que no te hace feliz".

"Nunca temas a volver a empezar".

"Nunca tengas miedo de ser diferente".

"Ojalá se ponga de moda tener educación".

"Para enseñar no sólo es necesario transferir conocimiento, sino que es necesario crear la capacidad de producirlo".

"Para ser buena persona no necesitas demostrar nada".

"Para ser grande primero tienes que aprender a ser pequeño… Pues la humildad es la base de toda verdadera grandeza".

"Para ser un ángel no necesitas tener alas, sólo tienes que ser especial en la vida de otra persona".

"Para ser un buen maestro debes primero enseñarte a ti mismo".

"Para vivir más hay que morir de risa frecuentemente"

"Pensar por ti mismo te hace diferente".

"Perdonar no cambia el pasado pero sí el futuro".

"Personas con magia, esas que saben hacerte sonreír cuando tus luces se están apagando. A esas quiero a mi lado siempre".

"Piensa bien lo que vas a decir antes de abrir tu boca".

"Piensa como adulto, vive como joven, aconseja como anciano y nunca dejes de soñar como niño".

"Poco a poco aprendí que no necesito de nada para ser Feliz".

"Pon en práctica lo que has aprendido y disfruta de tu éxito personal".

"Por cada minuto que estas enfadado, pierdes 60 segundos de Felicidad".

"Por más diplomas, cargo o dinero que tengas, como tratas a las personas es lo que define tu educación".

"Por más fuertes que seamos, todos necesitamos un abrazo en algún momento".

"Potencia siempre tus sueños estés o no dormido".

"Procura mostrar tu convencimiento de una forma sincera y sin complejos".

"Procura ser tan grande que todos quieran alcanzarte y tan humilde que todos quieran estar contigo".

"Procura siempre ponerte algo que combine. Por ejemplo, la cabeza que haga juego con el corazón, y las palabras con la buena educación".

"Procura siempre que tus sueños sean más grandes que tus miedos".

"Procura vestirte siempre con los mejores de los sentimientos, humildad, sencillez, mirada amable y una gran sonrisa".

"Prohibido rendirse, respira hondo y sigue".

"Puede que me caiga pero en el suelo no me quedo".

"Puedes cambiar cuanto quieras de opinión pero nunca de principios".

"Puedes comprar lo que tenga precio porque lo que tiene valor lo debes conquistar".

"Puedes cruzar montañas, océanos, superar tragedias, dificultades, responsabilidades, con solamente una cosa: Confianza en ti Mismo".

"Puedes tener la certeza de que todo que hice por Ti lo hice de Corazón".

"Puedo hablarte de Amor… Pero prefiero que lo sientas".

"Puesto que es más fácil calzarse unas zapatillas que alfombrar toda la tierra lleva siempre las tuyas".

"Puesto que ni ayer ni mañana se puede, Hoy es el único día en el cual puedes hacer aquello que es necesario".

"Qué bonito es ver a alguien que se pone feliz al verte".

"Que el miedo nunca te frene, con precaución pero sigue adelante".

"Qué grande es quien da todo lo que tiene sin mirar a quien".

"Que la Dignidad y la Lealtad además de cualidades sean parte de tu estilo de vida".

"Que la Felicidad sea el puerto al que se dirija tu barco siempre".

"Que nada te ate a una mala rutina".

"Que sí, que la vida da muchas vueltas, pero quien de verdad te quiere, las da contigo".

"Que siempre te identifique lo mejor de Ti".

"Que tus comienzos estén siempre refrendados por una sonrisa".

"Quien conserve la inocencia en su corazón siempre será Feliz".

"Quien piense en cambiar el mundo, debe de saber, que hay que comenzar por cambiarse así mismo".

"Quien sabe escuchar te entiende aunque no digas nada".

"Quien se burla de alguien por sus defectos físicos, deja al descubierto sus defectos mentales".

"Quien siembra verdad cosecha confianza. Quien siembra cariño cosecha gratitud. Y quien siembra amor cosecha felicidad".

"Quien te quiere bien te puede corregir, pero no necesita que cambies".

"Recuerda la sabiduría del agua. Ella no se enfrenta a un obstáculo, simplemente lo elude".

"Recuerda que los cambios son para los Valientes, pues los demás prefieren quedarse donde están aunque no sean Felices".

"Recuerda seguir hacia adelante: Nada recompensa tanto como la Persistencia".

"¿Recuerdas cuando en tu infancia querías ser mayor para hacer lo que te diera la gana? ¿Qué tal llevas eso?".

"Regala tu tiempo a quien te lo valora".

"Resiliencia: Es la capacidad de hacer frente a las adversidades de la vida, transformar el dolor en fuerza motora para superarse y salir fortalecido de ellas. Una persona resilente comprende que es el arquitecto de su propia alegría y de su propio destino".

"Respira, Ama y se Feliz… Lo demás es secundario".

"Revísate ante un espejo antes de criticar a los demás".

"Rodéate siempre de gente interesante, nunca de interesadas".

"Saber escuchar es la base de nuestra respuesta".

"Saber perdonar es necesario para liberarte".

"Sabiduría también puede ser el evitar conflictos innecesarios".

"Saca de tu interior aquello que echas de menos a tu alrededor".

"Saluda siempre con tus palabras de todo Corazón y con el Alma".

"Salvaje no es el que vive en la naturaleza, salvaje es quién la destruye".

"Satisfacción es cuando te topas con unos ojos de felicidad por verte".

"Seguir creciendo humanamente es mi propósito siempre".

"Seguiré actuando desde mi criterio interior".

"Sensatez es cuando alguien trata de hacerte daño y tú tratas de entender su situación en lugar de hacerle daño también".

"Ser Bueno no es sinónimo de ser idiota, es una virtud que muchos idiotas no entienden".

"Sería bueno que en el colegio antes de enseñar a hablar en varios idiomas enseñen en escuchar por lo menos en uno".

"Si algo no puede ir bien, recuerda que siempre se puede volver a empezar".

"Si algún día te conviertes en un recuerdo procura que éste sea bueno".

"Si antes hubiese tenido la cabeza de hoy, no habría cometido los errores que cometí. Pero la cabeza de hoy la tengo gracias a esos errores".

"Si ayer me equivoqué hoy tengo una nueva oportunidad para acertar".

"Si buscas una mano que te ayude nunca te olvides de la que tienes al final de tu brazo".

"Si dejas de mirar hacia atrás, vislumbrarás todo lo bueno que tienes delante".

"Si el camino es difícil es porque vas en la dirección correcta".

"Si el Cielo es un estado de ánimo... El infierno no es mi opción".

"Si es Paz lo que buscas, trata de Cambiarte a ti mismo, No a los demás".

"Si has decidido volar, nunca interrumpas tu vuelo".

"Si hay Paz en tu interior siempre habrá Luz en tu camino".

"Si nadie te quiere acompañar vete solo, encontrarás a otros en el camino".

"Si no encuentras la Felicidad fuera busca dentro de Ti".

"Si no estamos en paz con nosotros mismos no podemos guiar a los demás a encontrar la paz".

"Si no leemos, no sabemos escribir y si no sabemos escribir, el pensamiento estará sesgado".

"Si no luchas por lo que amas, no llores por lo que pierdes".

"Si no se abre, no es tu puerta".

"Si no tienes nada que perder arriésgate pues tienes todo por ganar".

"Si puedes cambiar tus pensamientos puedes cambiar tu destino".

"Si sabes bien lo que siembras no temas lo que recoges".

"Si queremos que el mundo mejore, ordenemos dos ideas fundamentales: Las personas fueron creadas para ser amadas, y las cosas para ser usadas… ¡No al revés!".

"Si sientes Paz es que has tomado la decisión correcta".

"Si te gusta alguien por su físico, no es amor es deseo, si te gusta por su inteligencia es admiración, si te gusta por su riqueza es interés. Pero si no sabes por qué te gusta, eso si es amor".

"Si te quedas esperando la reacción de la otra persona siempre, es posible que pierdas la mejor comunicación y vivencias".

"Si dispones de tiempo, medita diez minutos al día. Si no, medita una hora".

"Si tu hijo te ve leer libros es más fácil que mañana lea libros él mismo".

"Siempre se puede cuando de verdad se quiere".

"Siempre sopla viento a favor para quien tiene claro a donde va".

"Sigue siempre a tu corazón, pero nunca dejes de llevar a tu cerebro contigo".

"Sólo cuando sueño en ti logro volar con la ternura de un niño y la grandeza de un gigante".

"Solo los ignorantes creen que lo saben todo".

"Sólo quiero en mi vida a personas que me demuestran que me quieren en la suya".

"Sonríe a la vida, persigue tus sueños y lánzate a vivir".

"Sonríe con cariño sin mirar a quien".

"Soy Condescendiente conmigo en mi proceso de poder cultivar los nuevos Pensamientos y observo los cambios y la Evolución que tienen lugar en mi vida".

"Sufrir o no depende de ti… La Paz está en tu interior, no fuera de ti".

"Te cambio la fiesta por una charla mirando las estrellas".

"Te pueden igualar en posesiones pero siempre serás una persona única".

"Temía al cambio hasta que vi que incluso la mariposa lo necesita para volar".

"Ten siempre una mente abierta con libertad de pensamiento para ser libre de verdad".

"Tener un hijo, plantar un árbol y escribir un libro es fácil, lo difícil es criar un hijo, regar el árbol y que alguien lea el libro".

"Toda forma de maltrato es inhumano".

"Todavía no soy ni la mitad de la persona que deseo ser, aún tengo que trabajar mucho en mí, soy mi proyecto más importante".

"Todo es posible en la medida que tú creas que lo es".

"Todo llega para quien sabe esperar".

"Todo lo incierto caduca sólo la verdad se mantiene en el tiempo".

"Todo lo que deseas está al otro lado del miedo".

"Todo lo que sucede tiene un propósito, simplemente sigue adelante".

"Tras la tristeza un día te das cuenta que todo comienza de nuevo, y tu sonrisa vuelve a ser la dueña de tu vida".

"Trátame como a un ángel y yo me encargaré de que te sientas como en el cielo".

"Tropezar es necesario para madurar y crecer en Ti".

"Tu actitud es lo que más te define".

"Tu actitud te predispone a pasar un día bueno o no tan bueno".

"Tu alegría y tu paz interior te hace afortunado".

"Tu amor propio es la llama que ilumina tu existencia".

"Tu constancia allana el camino a tus metas".

"Tu Cualidad eclipsa las dificultades del entorno".

"Tu elegancia no está en lo que llevas sino en tu saber estar".

"Tu entorno dice mucho sobre ti cuídalo".

"Tu éxito te llevará a poder ayudar a los demás".

"Tu Felicidad comienza en tu interior, nunca en tu entorno".

"Tu felicidad siempre depende de ti".

"Tu honestidad te identifica y te dignifica".

"Tu magia no depende de lo que eres sino de lo que transmites".

"Tu mayor esencia es la autenticidad".

"Tu mayor incapacidad está en tu mente y no en tu cuerpo".

"Tu mejor amistad es como tu estrella aunque no siempre la ves sabes que está ahí".

"*Tu Paz* interior es la base de tu existencia".

"Tu Paz interior irradia siempre bondad a los demás".

"*Tu pensamiento positivo es la guía que debes seguir siempre*".

"Tu peor batalla es entre lo que sabes y lo que sientes".

"*Tu pequeña sencillez es lo que hace Enorme tu corazón*".

"Tu sencillez te hará siempre grande, no cambies".

"*Tu sinceridad se refleja cuando hablas de frente y miras a los ojos*".

"Tu sonrisa cuesta menos que la electricidad y te ilumina más".

"*Tú también eres libre si sabes razonar*".

"Tu vista sólo puede ver lo que tu consciencia puede comprender".

"Tus mejores vivencias siempre van a comenzar desde tu interior".

"Tus ojos no sirven de nada si es tu mente la que no quiere ver".

"Tus palabras no tienen sentido si tus obras no las acompañan".

"Un abrazo con el Alma llega donde los brazos no pueden".

"Un amigo te critica de frente y defiende a tus espaldas".

"Un corazón lleno de buenos sentimientos es como un cielo lleno de Estrellas".

"Un cuerpo saludable es lo ideal para alcanzar la plena satisfacción".

"Un cuerpo no es nada sin una actitud".

"Un día más decido hacer aquello que me es grato pues además es lo que de verdad me hace feliz".

"Un error es una lección nunca un fracaso".

"Un gesto de cariño puede llenar un corazón de felicidad".

"Un gran corazón se llena con muy poco".

"Una actitud positiva conlleva infinidad de cosas buenas".

"Una buena relación es cuando alguien acepta tu pasado, te apoya en tu presente y motiva tu futuro".

"Una espina de experiencia vale más que un bosque de advertencias".

"Una piedra nunca se cansa de que tropieces en ella".

"Una sonrisa te abre muchas puertas".

"Uno de los mejores sentimientos es darte cuenta que puedes ser cabalmente Feliz, sin lo que creías que necesitabas para ser feliz".

"Valora a quien te dedica su Tiempo pues te está ofreciendo algo que nunca recuperará".

"Valora a quien tienes en tu vida pues el resto de lo que tienes es superfluo".

"Valora cada momento antes de que pase a ser un recuerdo más".

"Valora la pérdida de tiempo como algo esencial que no recuperarás nunca".

"Valora la serenidad de estar callado".

"Vive el amor como persona íntegra y nunca como la mitad complementaria".

"Vive el momento con intensidad".

"Vive el presente como si todo fuese un instante".

"Vive plenamente cada día como si fuera el último de tu vida".

"Vivir sin leer es peligroso, te obliga a creer en lo que te digan".

AGRADECIMIENTOS

A todas aquellas personas, de mi familia, amigos, compañeros y vecinos, que han creído desde siempre en este nuevo proyecto, que hoy comenzamos, al que ya hemos denominado "Desde mi criterio interior", dedicado a recopilar algunas de las vivencias derivadas de mis redes sociales y muy en especial en nuestro ya cotidiano mundo de internet. Y en especial quiero agradecer a todas las personas que día a día me muestran su apoyo. Por último y como no podría ser menos, a todos nuestros amables lectores a quienes les quedo muy agradecido.

Un abrazo ENORME para tod@s.

¡Salud y Ánimo!

Diego Molina Ruiz

SOBRE EL AUTOR

Diego Molina Ruiz es ante todo un estudioso de los nuevos fenómenos socioculturales, que se declara un verdadero fan tanto de las actuales redes sociales, como sobretodo de las amenas y tradicionales charlas sentados a una mesa en buena compañía, sin nuevas tecnologías que distraigan nuestra atención hacia la verdadera conversación.

Ha publicado ya más de medio centenar de libros de diversa temática, estilos, y formatos. La mayoría de ellos se pueden encontrar en amazon.es desde donde es posible hacerse con ellos.

Actualmente comienza con una nueva serie a la que pertenece el libro actual y que ha venido a denominarse *"Desde mi criterio interior"*. Y desde su criterio interior destacamos la reflexión con la que a menudo él mismo se identifica: "Antes que maestro de nada soy aprendiz de todo".

Diego Molina Ruiz

Nota del Editor

Al igual que en la maquetación del anterior libro publicado con el título "Para-FRASEAR" del mismo autor, se han adoptado las sugerencias de algunos de nuestros lectores de aumentar el tamaño de letra por encima de lo habitual y dejar sin impresión el reverso de las páginas con el fin de propiciar una lectura más cómoda y disponer de amplios espacios libres para anotar comentarios si así se desea.

Para poder atender cualquier consulta relacionada con el presente libro o bien con su contenido, quedo en todo momento a disposición de todos los lectores en la siguiente dirección de correo electrónico:

molina.moreno.editores@gmail.com

Edición impresa en papel y ebook disponible en:

www.amazon.com y www.amazon.es

Diego Molina Ruiz

Título de la obra: REFLEXIONES
Serie: Desde mi criterio interior - Libro 1, v.1.0
Editado por Molina Moreno Editores
TODOS LOS DERECHOS RESERVADOS, respecto a la presente edición, por
DIEGO MOLINA RUIZ © 2017
molina.moreno.editores@gmail.com
Primera edición: 5 de Octubre de 2017
Autor de la obra: Diego Molina Ruiz
ISBN-13: 978-1978069039
ISBN-10: 1978069030
Diseño de Portada: Gloria del Rocío Molina Moreno
Número de páginas: 151
Edición impresa en papel.
Disponible en: www.amazon.es